AF455495

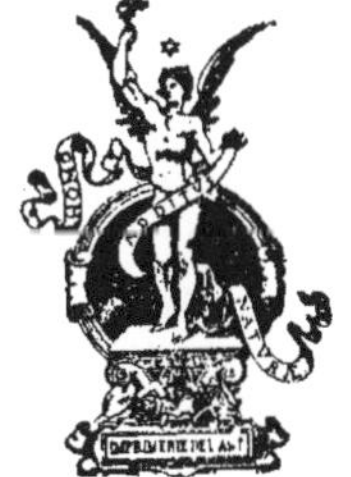

20 Janvier 1892

V

COLLECTION

DE

M. LE BARON DE TARNÈS

OBJETS D'ART ANCIENS DU JAPON

ET

DE LA CHINE

CATALOGUE

DES

OBJETS D'ART ANCIENS

DU JAPON

ET

DE LA CHINE

ÉCRITOIRES, BOITES, CABINETS EN LAQUE

INROS

Netzukés en ivoire et en bois

OBJETS VARIÉS — ARMES

GARDES DE SABRES — KODZUKA

Anneaux et bouts de sabres — Menouki

BRONZES, PORCELAINES ET POTERIES

Étoffes

Composant la Collection de M. le baron de TARNÈS

ET DONT LA VENTE AURA LIEU

HOTEL DROUOT, SALLE N° 3

Les Mercredi 20, Jeudi 21 et Vendredi 22 Janvier 1892

A DEUX HEURES

Me Maurice DELESTRE	**M. Charles MANNHEIM**
COMMISSAIRE-PRISEUR	EXPERT
27, rue Drouot, 27	7, rue Saint-Georges, 7

EXPOSITION PUBLIQUE

Le Mardi 19 Janvier 1892, de 1 heure 1/2 à 5 heures 1/2

CONDITIONS DE LA VENTE

La vente sera faite expressément au comptant.

Les Acquéreurs paieront, en sus des adjudications, CINQ POUR CENT, applicables aux frais.

L'Exposition mettant le public à même de se rendre compte de l'état des objets, il ne sera admis aucune réclamation une fois l'adjudication prononcée.

Paris. — Imp. de l'Art, E. MENARD et Cie, 41, rue de la Victoire.

3 — Ecritoire carrée en laque noir pailleté d'or; sur le couvercle, des oiseaux voltigent autour d'un hibou perché sur un arbre fleuri; le tout en laque d'or à relief avec applications de métal et burgau; le revers du couvercle présente une habitation en laques d'or, d'argent et de couleur.

4 — Boîte carrée en laque noir pailleté d'or; sur le couvercle, en laque d'or et d'argent à relief : arbre fleuri avec le disque de la lune à l'horizon; le revers du couvercle offre un paysage animé de deux figures avec montagnes au second plan.

5 — Plateau oblong en laque noir chagriné, à décor représentant les travaux de la campagne, en laque d'or à fort relief avec applications de shakoudo et de shibuitshi.

6 — Boîte longue en laque aventuriné, présentant en laque d'or à fort relief, avec pavage partiel d'or, un oiseau de Hô planant au-dessus d'un arbre.

7 — Boîte profonde de forme oblongue en laque noir pailleté d'or; décor, en laque d'or et de couleur, de paysages animés de canards-mandarins et de vols de grues.

8 — Petit cabinet en bois laqué noir et or à relief: il ferme à deux portes et contient un plateau et plusieurs tiroirs et compartiments dont l'un forme écritoire et un autre renferme une série de jetons servant au jeu des parfums ; le décor consiste en paysages avec habitations, arbres fleuris et oiseaux.

9 — Boîte oblongue à deux compartiments superposés en laque aventuriné, présentant en laque d'or à relief les armes du Mikado et des branches fleuries.

10 — Cantine en laque rouge et noir, à décor d'oiseaux, avec petit plateau et tiroir. Le flacon est en laque noir et or à fleurs et armoiries, et la boîte est cylindrique, à trois cases superposées en laque brun profondément gravé.

11 — Petite boîte à parfums en laque d'or; sur le couvercle est représenté en léger relief un chien de Fô couché, dont les contours forment le profil de la boîte ; à l'intérieur, tablette repercée en bois naturel.

12 — Autre en forme d'éventail en laque d'or, à léger relief; décor d'ustensiles et attributs.

13 — Autre circulaire en laque d'or incrusté de burgau : chien de Fô au-dessus d'une barrière.

14 — Autre circulaire en laque d'or et d'argent : gerbe de chrysanthèmes et de marguerites sur fond poudré.

15 — Très petit cabinet oblong en laque d'or, à léger relief; décor de paysage : il ouvre à une porte et contient trois tiroirs.

16 — Petite boîte carrée à trois cases superposées en laque d'or mat, ornée de fleurettes semées en or et burgau incrustés.

17 — Autre oblongue à trois cases superposées en laque noir pailleté or, à décor de branches fleuries en laque d'or et d'argent à léger relief.

18 — Petite boîte plate oblongue en laque aventuriné; décor de paysage en laque d'or à reliefs.

19 — Boîte de forme allongée en laque aventuriné, à décor de fougères et armoiries en laque d'or à reliefs.

20 — Petite boîte plate hexagone en laque d'or avec incrustations d'or : paysage; elle contient trois autres petites boîtes laquées or.

21 — Petite boîte à parfums lenticulaire en laque

d'or et de couleur; le décor consiste en un filet simulé recouvrant la boîte.

22 — Boîte oblongue en laque d'or et applications de nacre et d'ivoire : personnage, chien et bambous.

23 — Boîte circulaire en laque d'or, semée de chrysanthèmes.

24 — Boîte sphérique en laque aventuriné, décorée de fougères et fleurs de pêchers, en laque d'or à léger relief.

25 — Boîte ronde laquée or à relief avec globules métalliques rapportés : feuillages sur champ simulant les flots de la mer; à l'intérieur, armoiries du Mikado, du Shiogoun Taïko, etc.

26 — Brûle-parfums de forme haute à cinq lobes, à décor d'armoiries en laque d'or sur fond noir et aventuriné; couvercle métallique repercé.

27 — Deux boîtes rondes : l'une laquée gris, à décor de fleurs laquées or sur le couvercle; l'autre laquée noir présentant Daïkokou, dieu de la richesse, en applications de burgau et écaille.

28 — Deux petites boîtes laquées noir à décor

laqué or ou avec applications de métal et de burgau : branche fleurie et paysage.

29 — Petit meuble à trois tiroirs en bois laqué noir et or ; le décor se compose d'arbres au milieu desquels voltigent des oiseaux rapportés en métal.

30 — Petit cabinet fermant à une porte en bois laqué noir, or, argent et rouge, avec applications de nacre et de pierre de lard ; décor d'arbres en fleurs et d'oiseaux.

31 — Plateau oblong en laque d'or à relief avec applications d'ivoire et d'écaille : personnages dans un jardin avec habitation.

32 — Petite boîte à parfums plate oblongue en laque d'or : oiseau volant au-dessus d'une branche d'arbre.

33 — Boîte profonde de forme oblongue en laque noir : sur le couvercle, coq, poule et poussin en laque d'or, argent et couleur.

34 — Grand flacon à saké de forme plate en laque noir et or : chrysanthèmes, arbres fleuris et carrelage.

35 — Petit pot à cendres cylindrique, couvert en laque noir pailleté d'or : aux armes de Taïko, en laque d'or.

36 — Petite boîte en forme de fruit, en laque d'or mat.

37 — Petit plateau carré en laque aventuriné, à paysage en laque d'or à reliefs.

38 — Boîte profonde de forme oblongue en laque noir, décorée en laque d'or et aventuriné de jetés de chrysanthèmes.

39 — Deux tabourets presque semblables en bois laqué rouge à reliefs et gravé : personnages, oiseaux et chrysanthèmes.

40 — Deux pièces : coupe en laque rouge gravé et bassin à pans laqué rouge et noir.

41 — Deux pièces : bol en laque marron gravé et jardinière circulaire laquée rouge et couleurs. Japon et Chine.

42 — Boîte ronde couverte en laque rouge pointillé noir.

43 — Grande boîte circulaire côtelée, en bois laqué noir et or, avec plateau à l'intérieur.

44 — Deux petites cages en forme de palanquins, en bois laqué noir et or, aux armes du Shiogoun, tiroir à la base ; garnitures de métal.

45 — Boîte lenticulaire formée d'une noix de coco, ornée de crabes laqués or et de coquillages variés rapportés; l'intérieur est laqué noir et or.

46 — Caisse de tambourin en bois laqué noir et or, à décor de rouleaux déployés, présentant des motifs divers.

47 — Pagode en bois laqué noir, avec portes sur les deux faces; garnitures de cuivre; intérieur doré.

48 — Table à écrire en bois naturel, décorée en laques d'or et d'argent d'un paon au milieu de fleurs.

49 — Écritoire assortie à la table précédente, présentant sur le couvercle une grue auprès d'une cascade; elle contient ses accessoires.

50 — Petite étagère en laque aventuriné, présentant des bambous croisés en laque d'or.

51 — Écritoire en bois naturel sculpté, présentant

un personnage dans une barque; intérieur en laque aventuriné orné de chrysanthèmes en laque d'or.

52 — Écritoire en laque noir orné, en relief or et rouge, d'un oiseau de Hô, s'élançant du sommet d'un paulownia ; armoiries sur les côtés.

53 — Petit cabinet en laque d'or, écaille et ivoire, avec étagère, tiroirs, réduits et compartiment mobile sur un axe ; décor d'oiseaux.

54 — Boîte carrée en bois laqué noir, avec applications de burgau, d'étain et de cuivre : personnage légendaire. Attribuée à *Korin.*

55 — Boîte carrée en laque aventuriné, ornée en laques d'or et nacre, de papillons et roseaux en relief ; à l'intérieur, paysage montagneux.

56 — Écritoire carrée en laque aventuriné et laques d'or et d'argent : combat de deux chiens de Fô ; à l'intérieur : Kinkio sur la carpe.

57 — Boîte à écrire, à deux compartiments, avec tiroir, en bois laqué noir et poudré or ; sur les côtés, les flots de la mer ; sur le couvercle, un aigle perché sur une branche en laque d'or et d'argent.

58 — Petite boîte plate carrée en laque aventuriné : armoirie, bambous et oiseaux en laque d'or ; fleurs à l'intérieur.

59 — Petit plateau cordiforme en laque d'or : cigogne sur un rocher.

60 — Trois petits plateaux oblongs en laque aventuriné : fleurs et oiseaux en laque d'or.

61 — Vingt-quatre peignes variés en laque, etc. (Ce lot sera divisé.)

62 — Deux autres, écaille blonde et laque d'or : fleurs et oiseaux.

63 — Boîte ronde aplatie en laque noir rugueux, décor laqué or : animaux, armoiries.

64 — Deux boîtes cylindriques : l'une à deux cases en laque or et aventuriné, à fleurs et armoiries ; l'autre à fleurs en relief, en laque d'or.

65 — Deux pièces : petite boîte en bois naturel, ornée de rinceaux laqués ; sur le couvercle, masque de femme en ivoire ; et étui en laque gris, décoré en noir, or et burgau, d'un arbre.

66 — Petite boîte, inro, de grande dimension, mobile dans un étui-cage, en laque frotté : paysage avec rochers et bambous.

67 — Grande coupe à saké en laque or, sur fond rouge : arbres au bord d'un lac. Signée : *Shobaisaï.*

68 — Quatre autres plus petites : paysages au clair de lune, albatros, feuilles d'eau. Signées : *Josousaï, Hirakawa, Shokusaï.*

69 — Quatre autres : oiseau de Hô, montagne de neige, carpe, cascade. Signées : *Shoseisaï, Shokusaï, Kadjikawa, Zaitchiou.*

70 — Cinq autres : arbre fleuri, coquillages, aiguilles de pin, montagnes et musiciens. Signées : *Sotitsu* et *Kodju.*

71 — Deux pièces : coupe à saké, laque noir, à décor or, et petite boîte, style laque de Pékin brun, profondément gravé.

INROS

72 — Deux inros : l'un à trois cases, en laque noir, de forme presque carrée, avec applications de nacre et d'étain, orné de gourdes et d'une biva, (guitare), genre Korin ; l'autre de forme carrée,

avec compartiment mobile à l'intérieur, à une seule case, en laque frotté or, décoré d'une plante grimpante.

73 — Deux inros : l'un à trois cases, en laque noirci, décoré en or, d'un personnage légendaire jouant du tambour et portant un masque de chimère, en laque rouge ; l'autre à quatre cases, en laque noirci : groupe de cinq chevaux sous un saule, en laque or et argent.

74 — Inro, à trois cases, en laque d'or ombré et pavé : deux cigognes sur un rocher battu par les flots.

75 — Inro de forme allongée, en laque rouge, à quatre cases, orné de papillons, coulant ivoire à deux faces et netzuké, représentant une chimère sur un socle en demi-cercle. Signé : *Kita-sima.*

76-77 — Quatre inros, laque d'or avec paysages, ustensiles ou personnages.

78 — Deux inros : l'un à trois cases, en laque aventuriné : une touffe de fougère, très finement découpée, pousse dans une anfractuosité de rocher ; paysage montagneux avec disque lunaire

dans le fond ; l'autre à cinq cases, en laque d'or : un village au pied d'une colline et au bord d'un rocher dominant les flots.

79 — Deux inros : l'un à quatre cases, en laque brun, avec reliefs d'or : kiosque dans les arbres, pont rustique ; l'autre à quatre cases, fond brun aventuriné, orné en laque d'or et noir d'un personnage monté sur un âne, suivi de son valet, et franchissant un pont rustique,

80 — Inro, à quatre cases, en laque d'or : un aigle aux ailes or et noir finement dessinées, perché sur une branche d'arbre, prêt à prendre son essor.

81 — Inro en bois, décoré d'un motif en laque d'or, représentant des colombes sur une branche. En faisant glisser l'un des côtés, on découvre deux compartiments fermés par une plaque d'ivoire et deux cases avec boussole et signes du zodiaque ; netzuké ivoire.

82 — Inro, à quatre cases ; sur un fond noir, s'élève une gerbe de graminées couvertes de papillons et de cigales, en laque d'or et incrustations de burgau.

83 — Inro, à cinq cases ; sur un fond noir sablé d'or, s'élèvent au milieu des rochers des pousses de fougère et de pins, en laque d'or, à reliefs.

84 — Inro de forme élargie, à trois cases : cheval au galop, rouge sur fond noir.

85 — Deux inros : l'un à quatre cases, fond noir et or, partie en laque frotté : des insectes finement dessinés franchissent une clôture, l'un d'eux s'est déjà envolé ; netzuké ivoire ; l'autre en bois, à quatre cases, orné en relief de bambous en laque d'or.

86 — Inro en ivoire, à trois cases, orné en laque polychrome d'un personnage de Kugaï (noble de la cour), à cheval, suivi de son valet ; au-dessus le mont Fouji se détache en laque d'or. Dans un étui en bois avec ornement or. Signé : *Kosuisaï.*

87 — Inro, à cinq cases, fond noir, avec gros reliefs or, argent, burgau et étain : un éventail déployé, à grosses côtes, entouré de feuillage. Signé : *Kurimoto.*

88 — Inro, fond noir, à quatre cases, couvert de branchages or, netzuké en ivoire.

89 — Inro, de petite dimension, de forme carrée et laque noir, avec reliefs or, étain et burgau : d'un côté, un Japonais maîtrise un buffle, de l'autre, deux buffles couchés. Signé : *Djôkô.*

90 — Inro en laque aventuriné frotté, avec nuage : sur une face, deux grues or, argent et noir ; sur l'autre, chiffre. Djû (longévité), gros reliefs.

91 — Deux inros : l'un plat et carré, à trois cases, fond aventuriné, décoré en or d'un vol d'oies sauvages au-dessus d'une rizière ; coulant bronze rouge et argent ; signé : *Inagawa ;* l'autre à quatre cases, couvert sur fond noir de divers cachets or, rouge et burgau.

92 — Inro, à cinq cases : sur un fond noir légèrement aventuriné, se détache une branche de fleurs en or avec des papillons voletant. Signé : *Shoriousaï,*

93 — Deux inros : l'un de petite dimension, sphérique aplati, orné d'un canard volant dans les roseaux, netzuké en cloisonné ; sur l'autre, un cygne argent, se détachant sur un fond noir et nageant sur une pièce d'eau, occupe

en partie les deux faces, une touffe de jonc, or et burgau, retombe sur les eaux.

94 — Inro, à quatre cases, de forme aplatie, fond laque d'or, sur lequel se détache un massif de bambous. Signé : *Kadjikawa.*

95 — Inro, laque d'or, de forme carrée, légèrement bombée et amincie aux côtés, avec reliefs et laque or et noir, pavé avec applications d'ivoire; sur l'une des faces, un cavalier franchit un pont au-dessus des flots d'où émerge un dragon ; sur l'autre face, un personnage incliné implore la divinité.

96 — Inro, d'assez grande dimension, en ivoire, à quatre cases, décoré en reliefs en laque d'or, burgau, ivoire, écaille et argent, de trois personnages, héros d'une légende chinoise.

97 — Inro, laque noir, orné sur les deux faces de groupe de personnages devisant à l'abri d'un palmier. Netzuké religieux en ivoire.

98 — Inro, de grande dimension, plat et carré, fond vert olive, légèrement aventuriné, décoré sur les deux faces de groupes de personnages, en

laque de couleurs diverses, placés auprès d'un rocher abrité de branches de bambou, avec netzuké en bois laqué.

99 — Inro en laque d'or uni et plat, décoré d'une cigogne en relief.

100 — Inro en laque d'or uni, à six cases, couvert de marguerites et de chrysanthèmes, en léger relief.

101 — Deux inros: l'un en laque d'or uni décoré en relief d'un personnage laque d'or et ivoire et d'un panier de fleurs, sur l'autre face, personnage religieux; l'autre en laque d'or uni avec gros relief, de bambous, de chênes et de fougères sur un terrain rocailleux.

102 — Deux inros: l'un à quatre cases: sur un fond noir aventuriné à gros grains, se détache un vautour enchaîné sur un perchoir; l'autre orné de mantes, papillon, cigale et moustique en burgau et or, se détachant sur un fond noir légèrement aventuriné.

103-104 — Quatre inros de petite dimension, laque d'or avec papillons; laque noir avec roseaux et bambous en burgau, netzuké, boîte en bois noir avec chimère rouge ; laque noir avec rinceaux or sur les côtés ; laque noir avec dessin de fougère or.

105 — Inro, laque brun décoré en laque d'or à reliefs de barques ballottées par les flots; au second plan, paysage montagneux en laque frotté.

106 — Inro laqué noir, de forme carrée, sur lequel se détache, en application et gros relief, une chimère et une grosse tige de bambou or avec netzuké, bouton, signé : *Ghiokosaï.*

107 — Deux autres, fonds noir, décorés de burgau : l'un de forme allongée avec plante grimpante, l'autre de forme carrée avec kiosque et canard-mandarin auprès d'une pièce d'eau sous une branche de fleurs.

108 — Inro en bois, à trois cases, gourde nacre et écran polychrome sur une face; sur l'autre, cheval laque noir au galop en relief.

109 — Inro, laque rouge, de forme carrée; un cheval noir et or en relief sortant d'une gourde (légende).

110 — Inro de forme carrée, laque aventuriné, orné

en relief d'un gros bouquet de fleurs avec feuillages or et burgau.

111 — Inro en laque noir, couvert d'ornements laqués or en gros relief sur les côtés : deux personnages sur un pont rustique.

112 — Inro de forme bombée, coins arrondis, à quatre cases : sur une face, une boussole avec les signes du zodiaque ; sur l'autre, un dragon s'élance hors des flots.

113 — Inro de forme allongée, à quatre cases, laque d'or, un vautour enchaîné sur chacune de ses faces.

114 — Deux autres, de forme carrée, laque usé, à quatre cases : habitations et insectes.

115 — Inro de forme rectangulaire, fond noir avec anneaux de métal sur les côtés, décoré sur les deux faces de groupes de chevaux laque d'or, rouge, brun et noir.

116 — Deux inros : l'un de petite dimension, à cinq cases, fond noir : un moissonneur avec sa faux ; l'autre à une seule case, de grande dimension, fond noir avec bouquet de roses, or.

117 — Inro en laque frotté, aventuriné : le disque

de la lune se levant dans les nuages au-dessus d'une rizière.

118 — Inro en laque de Pékin, forme aplatie, décoré de palmiers et de personnages.

119 — Inro, coins arrondis, laque noir, décoré en relief du grelot religieux, en laque d'or.

120 — Inro en laque frotté de divers tons, décoré sur les deux faces d'un vol de passereaux en relief or, noir.

121 — Inro de forme carrée, laque de Pékin, personnages.

122 — Trois inros : l'un de petite dimension en laque noir, à quatre cases séparées par des rainures à biseaux dorés, avec application d'étain sur les côtés, une carpe d'or sur l'une des faces, sur l'autre, le grelot religieux sur une table, or et laque rouge ; le deuxième, fond brun avec pin doré et oiseaux en nacre ; le troisième, laque noir, avec une touffe de pois, laque d'or finement traité.

123 — Deux inros : l'un en laque couleur bois, figu-

rant une tortue avec toutes ses rugosités; les côtés laque d'or ornés de fleurs de chrysanthèmes, coulant agate, avec netzuké bois; l'autre de forme carrée, avec ornements de burgau, portant sur une face une mante religieuse en haut-relief.

124 — Inro de forme arrondie et de très petite dimension en ivoire, avec sujets sculptés en haut-relief, représentant une tortue sur un rocher, et un bonze adressant une invocation.

125 — Deux inros: l'un en laque noir avec applications d'or et d'étain, représentant une tour et un un tori-i (École de Korin); l'autre en laque brun avec applications d'étain et laque rouge à gros relief (chimère bondissant).

126-127 — Six inros, laque d'or gris ou noir avec burgau.

128-129 — Sept inros divers, laque usé.

130 — Inro à deux cases, en shibuitshi : personnage jouant de la flûte. Signé : *Juseï.*

NETZUKÉS

EN IVOIRE ET EN BOIS

131 — Deux netzukés en ivoire : personnage portant un enfant sur son dos, et personnage montrant un rouleau déployé.

132 — Trois autres : Shoki et un démon ; Hotei, assis, et personnage riant.

133 — Deux autres : personnage debout, un crapaud sur l'épaule, et chien de Fô.

134 — Quatre netzukés : bouton ajouré, oiseau fantastique, signé : *Itokusai ;* bouton, pins et grenades, avec inscription ; bouton avec boussole et grains de corail, présentant les six sites principaux du Japon, avec légendes, signé : *Yaïkosaï ;* le dernier, montagne avec singes, signé : *Minshiou.*

135 — Quatre autres, ivoire et métal : dragon sur les flots, signé : *Ganghiokusaï ;* deux petites tortues, signé *Dorakou ;* groupe de chevaux, dragons, chimères, singes, etc., signé : *Mayahissa ;* poissons dans un panier, signé : *Mutzata-Itsumin.*

136 — Quatre autres : comédiens en pyramide, signé : *Hidemassa;* groupe de cachets; chimère, signé : *Shitsuko;* paysage, signé : *Massahissa.*

137 — Quatre autres : grenades, signé : *Ko;* bouton rehaussé de burgau et de corail : éléphant, signé : *Hironobu;* bouton carré : Tengou, personnage légendaire tenant un éventail, signé : *Chokosaï;* bouton avec plaque en métal : héros, signé : *Kisi.*

138 — Quatre autres : bouton carré : héros, signé : *Itchioumko;* Saiguio, prêtre-poète, sur un bœuf, signé : *Mitsusada;* groupe de chimères; singes se disputant un kaki.

139 — Trois autres : masques; personnages tenant une branche de corail; branche de kakis.

140 à 142 — Treize autres, variés : fruits, animaux, etc.

143 — Cinq autres, de grande dimension : personnage légendaire jouant avec une chimère; Hollandais du XVIIe siècle; personnages variés.

144 — Quatre autres : berger jouant de la flûte; dragon; chevaux.

145 — Quatre autres : boutons formés d'oiseaux et

dragon; dragon; bouton sphérique teinté : habitations.

146 — Autre : bouton avec ornements de burgau.

147 — Deux autres : boutons avec plaques de shibuitshi.

148 — Deux autres : boutons : l'un en bois, avec plaque d'ivoire : pêcheur en relief; l'autre, en métal : dragon sortant des flots.

149 — Trois netzukés en bois : Hotei entouré de pieuvres, signé : *Guenmei;* deux lapins, signé : *Siontoku;* groupe de trois chevaux, signé : *Issaï.*

150-151 — Quatre autres : carlin, signé : *Massaïge;* chimère, signé : *Massamitsu;* baladin, bois et ivoire, battant du tambour, signé : *Seiki;* diable assis occupé à moudre du thé, signé : *Okakei.*

152 — Trois autres : dragon et boule précieuse, signé : *Tako;* deux petits singes enlacés, signé : *Tomoitshi;* épisode de la légende de Benké et Yoshitsuné, ivoire encadré de bois noir.

153 — Trois autres : tête de chimère articulée, signé : *Ghiosoui;* groupe de deux rats sur une

corbeille de raisin, laqué rouge ; statuette portant une ceinture et un inro, ivoire et corail, et représentant Shoki maîtrisant un démon.

154-155 — Treize autres, variés.

OBJETS DIVERS DU JAPON

ET DE LA CHINE

156-157 — Deux paires de tabourets d'inégale grandeur en bois laqué noir décoré de branches fleuries et oiseaux en laque de couleur, à relief et avec applications de nacre, pierre de lard et ivoire teinté. Japon.

158 — Petit cabinet en bois naturel, avec applications de nacre, corne, agate, corail, etc.; il ferme à une porte et contient trois rangs de tiroirs; décor de branches fleuries et insectes. Japon.

159 — Petit meuble oblong en bois, muni de deux tiroirs sur chacune des deux faces principales; et décoré de plaques de jade blanc ajouré. Chine.

160 — Boîte quadrilobée en laque rouge ciselé de Pékin : paysage animé et carrelage.

161 — Statuette en bois doré : le bouddha. Amida debout, faisant le geste de charité, abrité sous une gloire. Japon.

162 — Statuette en bois peint et doré : personnage assis, portant le costume de prêtre bouddhiste ; socle de même matière. Japon.

163 — Statuette en bois doré : le Bouddha pénitent ; socle en bois peint et doré, formé d'un lotus porté par un chien de Fô. Japon.

164 — Statuette en bois : personnage assis à terre, le visage souriant. Japon.

165 — Support en bois gravé, avec feuillages et attributs rapportés en nacre et ivoire teinté.

166 — Quatre étuis en laque noir avec applications de métal, nacre, etc. : fleurs, fruits, femme faisant voler un cerf-volant, l'homme aux longs bras.

167 — Deux autres bois naturel avec applications de nacre, ivoire teinté, etc. : feuilles d'eau et escargot.

168 à 170 — Neuf étuis en ivoire sculpté : fleurs, guerriers, sujets familiers, dragons, oiseaux, l'un d'eux avec applications de cuivre, nacre, etc.

171 — Écran de table formé d'un bas-relief en schiste gris et noir, présentant un paysage animé et compris dans une monture en bois dur ajouré. Chine.

172 — Autre plus petit en pierre de lard grise et brune : la feuille est en deux parties et à coulisses. Chine.

173 — Trois figurines de divinités en pierre de lard grise, sur base en pierre de lard rougeâtre. Chine.

174 — Trois pièces : deux figurines de personnages assis en pierre de lard, et fruit en agate. Chine.

175 — Plateau en forme de feuille d'eau en albâtre.

176 — Trousse de fumeur en cuir noir et métal, avec gros netzuké en bois : guerrier.

177 — Deux pièces : tortue en bois, et boîte à amulettes en bois, avec applications. Japon.

178 — Boîte de forme allongée en bois ajouré à bâtons rompus ; couvercle vitré. Chine.

189 — Quatre gardes : deux en shibuitshi, cheval sortant d'une gourde, feuille ; deux en bronze rouge, pêcheurs, branches.

190 — Quatre autres : deux en bronze rouge, insecte, tortue ; deux en sentokou, canard-mandarin, personnage.

191 — Quatre autres : bronze argenté, vagues ; sentokou, gourdes ; bronze laqué rouge, aubergines ; shibuitshi, grecques.

192 — Deux autres en bronze rouge : l'une à deux lobes, ornée de dragons; l'autre présentant une scène de la légende de Benké.

193-194 — Sept gardes en shibuitshi avec applications d'or et d'argent : animaux et personnages.

195 — Cinq autres : l'une en shakoudo chagriné, ornée de chiens de Fô ; trois en sentokou, signées : *Toshimassa* et *Toshinaya ;* la dernière en bronze rouge, ornée d'une mante auprès d'une roue.

196 — Cinq autres : quatre en sentokou et bronze rouge, une en shakoudo chagriné : personnages, cheval sortant d'un sac, ustensiles, chrysanthèmes.

197 — Trois autres en sentokou émaillé, shakoudo et bronze rouge : tigre, personnages, signés : *Soten* ; rinceaux.

198-199 — Quatre gardes en shakoudo poli, avec dorure ou incrustations : cage, jouets, signés : *Yoshioka*, canards, guerrier traversant un ruisseau, signé : *Naomitsu*.

200-201 — Six autres en shibuitshi : plantes, animaux, personnages, signées : *Tchikakouken*, *Chorіousaï*, *Massanaya*, etc.

202-203 — Six autres en shibuitshi, bronze argenté et bronze rouge : planche, rocailles, filet, insecte, Mooko sur la tortue, papillons ; signées : *Yassoutchika*, *Nara*, *Atsuoki*, etc., la dernière provenant de la collection B...

204-205 — Cinq gardes en shibuitshi, bronze argenté et sentokou : personnages, motif de flots, dragon, pigeon, signées : *Tsinaya*, *Yeishui*, *Toshimassa*, *Yeishiou*, *Ridju*.

206 — Trois autres : deux en bronze rouge, dont une de la collection B..., fleurettes en application d'argent et d'or, et le dieu de longévité; l'autre en shakoudo avec applications d'or, d'ar-

gent et bronze rouge, personnages, collection B..., signés : *Tomomassa, Toutchiya, Hamamo-Kiozui.*

207 — Deux autres, l'une en shibuitshi à paysage, l'autre en sentokou, collection B..., avec applications à personnages, signées : *Tomohissu* et *Kodjo.*

208 — Dix gardes en fer : nuages, oiseaux, fleurs, dragon, personnages, etc. Signées : *Tounemassa, Kinai, Hissatomo, Yoshissimé, Massamitsou.*

209 — Sept autres en fer : flots, cheval, dragon, singe retenant un cheval, buffle, jonque, signées : *Massahoshi, Tsurahzoshi, Yeidju, Wakasiba, Sadamassa, Tomohissa.*

210 — Quatre gardes en fer avec applications ou dorure : paysages, coq et poule, dragon. Signées : *Iwamoto* et *Shoami.*

211-212 — Onze gardes en fer avec applications d'or, argent et bronze : tigre dans des bambous, roses, chien de Fô, tigre auprès d'une cascade, chenille, tigre près d'un bambou, tige de jonc, oiseaux, aigle et passereaux, troupe de singes, et enfant près d'un éléphant, signé : *Muotchin-Kino-Monnesada.*

213 à 215 — Dix-huit gardes variées en fer, niellées argent ou avec applications : flots de la mer, rinceaux, Japonais et buffle, feuilles, natte de bambous, insecte, roses, ciel étoilé, dragon, souris, toile d'araignée, cigognes, jonque, poisson, oiseaux, fruits, chiens, dieu Shôki.

216-217 — Dix gardes en fer avec applications, incrustations ou dorure : nattes et palissades, chrysanthèmes, tortue, chien de Fô, tigre et personnages, signée. *Seizui;* rinceaux, cigogne, signée, *Hakutei ;* carpes.

218 — Quatre gardes en fer : paysages et carpe dans les flots. Signées : *Massasada* et *Tomotoshi.*

219 — Huit autres en fer, quelques-unes incrustées : aubergines, flèches, filets argentés, dévidoir, grecques, quadrillés, paysage, signé, *Johi,* et tortue chimérique, signée : *Tohikata.* Les six dernières proviennent de la collection Burty.

220 — Cinq gardes en fer, dorées ou avec applications : tigre sous la pluie, signée : *Toshiaki;* motifs divers, canards sous la pluie. Collection Burty.

221 — Six autres en fer, avec applications de bronze; l'une en forme de croix niellée argent, morceau de bois, rinceaux, personnage, signé : *Kikan*, une ruche, daïmio sur un pont. La première provenant de la collection B...

222 — Dix autres en fer argenté ou incrusté : objets de la cérémonie du thé, signée : *Massayoshi;* hérons, guerrier, signé : *Sozen;* rinceaux, branches, signées : *Kanehissa;* palmiers, signés : *Massakata.*

223 à 225 — Vingt-deux gardes en fer; quelques-unes incrustées : dragons, fleurs, le mont Fouji, cigognes, etc., signées : *Kinaï*, *Chokoru*, *Massatoshi*, *Massakata*, *Tadatoki*, etc.

226 — Cinq autres en fer; quelques-unes rehaussées d'or : rivière, entrelacs, paysage, personnages légendaires. Signées : *Tadamori*, *Akao-Youtchougou*, *Totsudju.*

227 — Neuf autres en fer partiellement doré ou incrusté, signées : *Soten;* paysages, personnages. Collection Burty.

228 — Deux gardes en fer, dorées ou incrustées : guerriers, signés : *Soten;* fleurs, signées : *Minamoto-Nobukumi.*

229-230 — Sept gardes, dont six en fer et une en bronze : motifs incrustés, sanglier, langouste, feuillages, Shoki et le diable, branche de prunier.

231 — Dix gardes en fer avec incrustations de cuivre; l'une représentant un pigeon, signée : *Kino-Munemassa ;* les autres, à fleurs, dragons, oiseaux, démons, etc.

232 — Six autres en fer avec applications et incrustations de cuivre et argent : dragons, sanglier, chien de Fô et personnage armé d'un arc regardant une chimère dans les nuages.

233 — Huit autres en fer; l'une de forme contournée, présentant un personnage dans un paysage montagneux; une autre ornée de feuillages, signée : *Oumetada;* les autres martelées ou burinées à feuillages et fleurs en argent appliqué.

234 — Huit gardes en fer; quelques-unes incrustées or ou argent : bateau sur un lac, lever de lune, fourmis, feuilles découpées à jour, signées : *Muotchin ;* personnages, signés : *Kaneye,* de la province de Joushimi; motifs et rinceaux, signés : *Oumetada.*

235 — Sept autres en fer : feuillages, tigre, écrans, éventails, motifs découpés, signées : *Schoami*, de la province de Yetchizen, *Oumetada*, *Massasada*, de Yeddo, *Nakaï*, etc.

236-237 — Quatorze gardes en fer découpé et ajouré : feuillages, dragons, etc.

238 — Six autres en fer, avec applications d'or et de bronze ou argentées : dragons, roseaux, galons, etc.

239 — Dix autres variées, en fer ajouré ou rehaussé d'or et d'argent : écureuil, rayons de soleil, feuillages; l'une, signée : *Tetsumin*.

240 — Six gardes en fer ajouré avec rehauts d'or et d'argent : armes, ustensiles de la cérémonie du thé, etc.

241 — Six autres en fer; l'une ornée de feuillages, signée : *Tomohissu*, de Hayi; sur deux autres, oiseau, écureuils; les trois dernières, dites de Bouddha : brochets dans l'eau, dragons, etc.

242 — Sept autres en fer; quelques-unes rehaussées d'or et d'argent : écureuils, cheval, hachures, paysages, tortues, signées : *Massatsimé*, *Wakasiba*, *Yeïseï*, *Nobusada*, *Shizunomi*.

254 — Huit autres en fer : fourmi, guerrier, personnage, porteurs, fleurs, paysage, Darma. Collection Burty.

255-256 — Dix autres en shakoudo, avec décor en or et argent : fleurs, animaux, armes, habitations.

257-258 — Dix autres en bronze rouge, shakoudo, sentokou, shibuitshi : tortue, oiseau sur un perchoir, chrysanthèmes, gourdes, signées : *Yassutschika;* mille-pieds, signé : *Massamori;* divinité, signée : *Toujiwara,* collection Burty; tiges fleuries, signées : *Massayoshi*, même collection; chimère, signée : *Yieshu*, même collection; singes, signés : *Nara Toshikumi*, même collection; cheval, signé : *Yassutshika.*

259-260 — Dix autres, mêmes matières et fer : dragon, signé : *Nara;* flots, signés : *Motokatou;* pêcheurs, signés : *Giokounsaï;* personnages, signés : *Nara Toshimitsu;* bateau, signé : *Massomori;* tortues, signées : *Horukaki,* datées de Tempo, 1848; personnages chinois, signés : *Yotchin;* divinités sous un arbre, signées : *Soten;* guerriers, signés : *Nomoura;* insectes, signés : *Mitounaka.*

MANCHES DE KODZUKA, KOGAI, MENOUKI

261-262 — Onze manches de kodzuka, fer incrusté : inscriptions et ornements. XVIe et XVIIe siècles. Collection Burty.

263 — Quatre autres, fer incrusté de bronze rouge et d'or : feuilles.

264 — Kodzuka, fer incrusté : semis de fleurettes.

265 — Six manches de kodzuka, bronze : animaux, guerriers, pêcheurs.

266 — Quatre autres, fer et sentokou à vannerie et inscriptions.

267 — Six autres, sentokou : animaux.

268 — Six autres, bronze rouge, shibuitshi, sentokou : chiens, oiseaux, fleurettes.

269-270 — Huit autres, en shibuitshi, variés : animaux, feuillages, divinités.

271 — Trois autres, en shakoudo : coquilles, oiseaux, pêcheurs à la torche.

272-273 — Huit autres, en shibuitshi : tigre, per-

ARMES JAPONAISES

281 — Grand sabre japonais : fourreau de métal argenté, avec applications en bronze aux armes du Shiogoun.

282 — Petit sabre japonais : fourreau en laque d'or aventuriné, garde et kodzuka en shibuitshi, garniture intérieure signée *Yoshimitshi.*

283 — Autre : fourreau de laque rouge gravé, garniture et kodzuka en shakoudo : lame signée : *Skesada.*

284 — Autre, à fourreau de laque et garniture de fer : la lame porte la signature *Sandjo Munetchika,* datée de Guenreki (1184), époque de Yoritomo.

285 — Grand sabre : fourreau laqué noir ; lame signée : *Kamesada.*

286 — Petit sabre japonais : fourreau de laque rouge, armoiries laquées noir ; lame signée : *Srugano.*

287 — Poignard japonais : fourreau de cuir noir, garnitures, kodzuka, kogaï argentés et en shakoudo.

288 — Deux autres, à fourreau et poignée de bois, avec incrustations et applications : animaux, inscriptions.

BRONZES ET FERS DU JAPON

ET DE LA CHINE

289 — Personnage tenant un rouleau et monté sur un cerf. Bronze. Japon.

290 — Singe monté sur un cerf. Bronze. Japon.

291 — Deux grandes bouteilles, à anses dragons ; décor en haut-relief simulant les flots de la mer. Bronze. Japon.

292 — Deux cornets, avec renflement médian, présentant deux dragons en guise d'anses : grecques et stries. Bronze clair. Japon.

293 — Deux cornets hexagones, munis d'arêtes saillantes : grecques et motifs irréguliers. Bronze. Chine.

294 — Vase bursaire, à deux petites anses ; la panse est couverte de motifs irréguliers séparés par des montants unis. Bronze. Chine.

303 — Bouteille à large col cylindrique, muni de deux tubes latéraux ; médaillons contenant des habitations. Bronze. Japon.

304 — Vase balustre aplati, muni de deux petits tubes latéraux au col ; zones de motifs irréguliers. Bronze. Japon.

305 — Vase à col évasé et sur trois têtes d'éléphants, orné d'un dragon en haut-relief, grimpant le long du col. Bronze. Japon.

306 — Petit vase à panse ovoïde et deux anses têtes d'éléphants. Bronze jaune. Chine.

307 — Brûle-parfums en forme de canard-mandarin. Bronze. Japon.

308 — Autre plus petit, en forme d'oiseau, traces de dorure. Bronze. Japon.

309 — Jardinière circulaire, sur trois pieds têtes d'éléphants et à deux anses surélevées ; feuillages en relief. Bronze. Japon.

310 — Vase en forme de sac, noué au moyen d'une cordelette ; un dragon en haut-relief rampe à la surface. Bronze. Japon.

311 — Jardinière cylindrique, ornée en relief de rinceaux fleuris. Bronze. Japon.

312 — Grand shibatshi circulaire, à anse et couvercle repercé, présentant des dragons. Bronze. Japon.

313 — Brûle-parfums en forme d'habitation. Bronze. Japon.

314 — Vase couvert, à anse : zones ornées de motifs irréguliers sur champ de grecques. Bronze avec incrustations. Chine.

315 — Brûle-parfums affectant la forme d'un lotus, couvercle ajouré. Bronze partiellement doré. Japon.

316 — Deux pièces : petite corbeille et petit vase à anses. Bronze. Japon.

317 — Brûle-parfums circulaire, sur trois pieds, à surface ajourée ainsi que le couvercle ; il est formé d'un dragon dont la tête tient lieu de couvercle. Bronze. Japon. Un double fond en cuivre rouge permet de le transformer en jardinière.

318 — Brûle-parfums en forme de kirin, à tête

mobile ; son corps présente les kouas en relief. Bronze. Japon.

319 — Vase balustre, à quatre pans, sur quatre petits pieds reposant sur un socle carré : oiseau de Hô, kirin, dragon, tortues en relief sur champ imbriqué. Bronze. Japon.

320 — Aiguière de forme persane, décorée de médaillons contenant des personnages ; chien de Fô sur le couvercle. Cuivre doré. Chine.

321 — Kouanon debout, nimbé, à plusieurs paires de bras. Bronze. Japon.

322 — Divinité assise. Bronze doré. Thibet.

323 — Femme japonaise assise. Bronze.

324 à 326 — Cinq tortues de différentes grandeurs. Bronze. Japon.

327 à 330 — Douze masques d'hommes ou d'animaux, de diverses grandeurs. Bronze. Japon.

331 — Petit brûle-parfums oblong à décor de grecques; deux petits personnages sont à califourchon sur la bordure. Bronze. Japon.

332 — Deux pièces : flacon en forme de kalian

341 — Petite boîte oblongue en fer, avec dorure : le mont Fouji entouré de nuages au milieu desquels vole un dragon. Japon.

342 — Fragment de vase en bronze : oiseaux et tortue en haut-relief; sur le couvercle, une tortue.

343 — Petit brûle-parfums en forme de mante religieuse articulée, en fer avec frottis d'or sur les ailes et la tête. Collection Burty.

344 — Petit vase bursaire, couvert, à anse en fer incrusté d'or et doré. Chine. Collection B...

345 — Théière à anse en fer rugueux et martelé : crabes, fleurs, inscriptions. Couvercle en bronze signé : *Rioubundo*. Collection B...

346 — Compte-gouttes en forme de tambour, en bronze. Japon.

347 — Trois pièces, bronze : deux pitongs et un petit vase; oiseau de Hô, chien de Fô, grecques. Chine et Japon.

348 — Porte-bouquets en bronze, en forme d'éventail; faisans. Japon.

PORCELAINES

349 — Grand plat creux à décor bleu : arbre fleuri au fond, attributs et quadrillés à la chute. Chine.

350 — Panneau en largeur, en pâte grise pailletée or, incrustée de plaques de porcelaines à décor bleu : personnage, rochers. Japon.

351 — Plat rond à décor de rinceaux fleuris en couleurs sur fond jaune. Japon.

352 — Vase cylindro-conique : branches fleuries et oiseaux en relief sur fond violacé. Japon.

353 — Flacon à six pans, camaïeu bleu : grecques en relief. Japon.

354 — Chien de Fô menaçant, céladon verdâtre. Owari.

355 — Jardinière à huit pans : dragons en blanc sur fond bleu. Japon.

356 — Vase balustre, céladon verdâtre. Owari.

357 — Coupe libatoire sur trois pieds, émaillée bleu empois. Japon.

358 — Vase carré, décor flambé. Chine.

vert à motifs variés en relief sur fond brun, l'autre flambé bleu et violet, à décor gaufré sous couverte. Chine.

371 — Théière couverte, formée d'une figurine de Daïkokou adossé à son sac. Japon.

372 — Flacon cylindro-conique : fruits et bande imbriquée vert et rouge. Kutani.

373 — Vase ovoïde posé sur un tertre sur lequel jouent quatre enfants. Japon.

374 — Deux pièces : pitong cylindrique ajouré, en céladon bleu turquoise de la Chine, et petit vase en céladon verdâtre, Sanda.

375 — Vase ovoïde émaillé à l'imitation du laque noir pailleté or. Japon.

376 — Petit flacon à corps surbaissé émaillé rouge, à l'imitation des laques de Pékin : personnages. Japon.

377 — Deux coupes : l'une couverte simulant un gros coquillage sur lequel rampe un crabe; l'autre non couverte simulant également un coquillage. Japon.

378 — Plateau rond à bords droits et ajourés, fond bleu avec réserves de personnages, inscriptions, chevaux. Arita,

POTERIES DU JAPON

379 — Bol à fond noir, à décor de personnages en couleurs et dorure. Attribué à Ninsei.

380 — Autre à fond gris partiellement doré, présentant une nombreuse réunion de personnages. École de Ninsei.

381 — Trois bols : l'un à fleurs et quadrillés, Satzuma; l'autre à décor d'écrans et papillons, Idzumo ; le troisième orné de gourdes en couleurs.

382 — Bol à décor de quadrillés rouges et médaillons de fleurs. Poterie dite Banko.

383 — Porte-bouquet simulant un roc, cheval en relief à la base. Poterie dite de Soma.

384 — Personnage tenant un éventail, debout sur un rocher. École de Ninsei.

385 — Personnage dansant, un éventail à la main. École de Ninsei.

386 — Deux singes sur un tronc d'arbre. Grès de Bizen.

387 — Sennin assis, les vêtements réservés en biscuit.

388 — Personnage assis, coiffé d'un grand chapeau.

389 — Deux bouteilles en poterie laquée or et couleurs, à décor de dragons.

390 — Brûle-parfums couvert de forme circulaire, émaillé vert et jaune : chien de Fô sur le couvercle.

391 — Autre, en forme de kirin, rehaussé de vert.

392 — Autre, formé d'une feuille d'eau surmontée d'un chien de Fô. Grès de Bizen.

393 — Faucon émaillé au naturel. Socle en bois.

394 — Deux oiseaux de proie sur un perchoir au pied duquel est placée une auge où est posé un petit oiseau.

395 — Lapin sur un tertre. Grès de Takatori.

396 — Daïkokou sur son sac. Grès de Takatori.

397 — Personnage assis. Grès de Takatori.

398 — Personnage tenant un kakémono déroulé. Grès de Takatori.

399 — Théière en forme de singe, vernissé jaune.

400 — Boîte lenticulaire : feuillages en couleurs. Inouyama.

401 — Deux cages contenant des volailles. Awata.

402 — Vase ovoïde : dragons en couleurs.

403 — Théière couverte, à anse à ramages gros bleu en relief et réserves de paysages émaillés brun. École de Kinkozan.

404 — Deux pitongs cylindriques, d'inégale grandeur, à fleurs en relief, émaillés gros bleu, vert et marron. École de Kinkozan.

405 — Brasier cylindrique, analogue aux pitongs précédents.

406 — Vase ovoïde, partiellement émaillé noir.

407 — Vase conique, flambé marron et violet.

408 — Vase à quatre faces, légèrement renflées, orné d'une zone de feuilles gravées, sur fond vert.

409 — Fontaine sphérique surbaissée, à décor de dragons en relief, émaillés vert.

410 — Vase cylindrique couvert, orné, sur fond jaune, de compartiments ajourés à fleurs et muni d'un double fond.

411 — Vase circulaire couvert, émaillé vert, à fleurs et inscription en relief et couleur.

412 — Gourde plate, émaillée vert, portant deux caractères d'écriture en relief.

413 — Écuelle couverte, à décor de poissons et coquillages.

414 — Pitong cylindrique flambé. Grès de Takatori.

415 — Deux pièces : vase à anses, flambé violet, et vase couvert percé de trous, flambé également vert et jaune.

416 — Vase couvert, de forme aplatie, émaillé bronze, à décor de personnages en relief; figurine sur le couvercle.

417 — Six pièces : bols et gourde variés. Poterie dite de Rakou.

418 — Coupe circulaire couverte, sur trois pieds, émaillée à l'imitation du bois : personnages en relief.

419 — Deux théières : l'une, en forme de canard, grès de Takatori; l'autre, couverte, à anse, à décor de dragon en relief réservé en biscuit.

420 — Trois pièces : fruit autour duquel jouent deux enfants, vase formé de deux poissons émaillés marron, et petit vase flambé gris.

421 — Quatre pièces : théière formée d'un fruit en boccaro de la Chine; petit vase gris bleuté, et porte-bouquets imitant un massif de feuillages en couleurs.

422 — Barque décorée de feuillages vert, bleu et or. Awata.

423 — Brasier surmonté d'un récipient mobile, à décor de chrysanthèmes et feuilles vert, rouge, marron et or. Awata. Couvercle en ivoire.

424 — Gros crabe en portant trois petits, émaillé au naturel.

425 — Trois pièces : petit bassin gris craquelé, présentant au fond un poisson en relief; coupe couverte, décor simulant un filet, et autre, rouge, couverte, décorée de fleurs bleu et rouge. Imado.

426 — Bassin rond, émaillé vert, brun, jaune : dragons. Kutani.

427 — Quatre plats : deux à fleurs, poissons en vert et jaune ; paysage émaillé vert, et paysage émaillé jaune.

428 — Cinq plateaux : deux à fleurs et rochers émaillés vert, brun, jaune, Kutani ; un autre, carré, à paysage ; un autre, vert, gravé ; le dernier, flambé, à fleurs en relief.

429 — Deux pièces émaillées jaune : gourde plate présentant une tête d'homme, Seto, et bouteille ajourée.

430 — Deux pièces : bouteille à décor d'arbre fleuri en couleurs sur fond réservé, et bassin circulaire orné de montants émaillés bleu.

431 — Trois pièces : plateau à anse en forme de feuille, coupe flambée et bol émaillé noir à décor d'armoiries réservées.

432 — Quatre pièces : coupe contournée, à surface granuleuse, flacon en forme de fruit émaillé brun, coupe basse gris et brun, et bol gris craquelé.

433 — Deux pièces : grand flacon émaillé gris et vert, Owari, et petit vase formé de deux oiseaux adossés émaillés bleu.

434 — Deux pitongs cylindriques : l'un émaillé blanc à fleurs en relief, l'autre flambé vert et gris.

435-436 — Onze pièces flambées de divers tons : coupes, jardinières, pitongs, vase en forme de sac.

ÉTOFFES

437 — Robe chinoise en velours bariolé, orné de dragons brodés.

438 — Veston chinois en soie brodée à personnages et fleurs.

439 — Deux robes chinoises en velours : l'une à fond marron, à fleurs brodées ; l'autre à fond bariolé.

440 — Deux autres : l'une en velours feu, l'autre en velours bleu ciselé à pivoines.

441 — Deux autres; l'une en velours feu, l'autre en velours groseille ciselé à fleurs.

442 — Deux robes japonaises en crêpe peint et brodé, l'une à fond violet ornée d'un pont rustique, l'autre à fond rouge à grosses fleurs.

443 — Deux autres : l'une en gaze violette brodée à éventail, l'autre en crêpe bleu clair peint et brodé à fleurs.

444 — Trois autres en crêpe : l'une noire à fleurs peintes et brodées, les autres violettes à bambous et fleurs peints et brodés.

445 — Autre, soie bleue damassée et brodée en couleurs : arbres et vol de grues.

446 — Autre, satin blanc brodé : bambous.

447 — Autre, satin blanc brodé : éventails.

448 — Autre, en crêpe rouge brodé au plumetis, avec applications : personnages.

449 — Autre, satin bleu pâle brodé au plumetis : oiseaux de Hô.

450 — Autre, soie jaune brodée : paysages avec habitations.

451 — Trois autres : l'une en gaze verte peinte et brodée à fleurs ; les autres en toile bleue et blanche peinte et brodée : fleurs.

452 à 454 — Sept autres, variées, en soie brochée.

455 — Pantalon en soie peinte : dragons.

456 — Deux foukousa en satin bleu brodé : perruche sur un perchoir et objets mobiliers.

457 — Deux autres, l'un en crêpe rouge orné d'une peinture représentant un éventail ; l'autre en soie brodée : chien de Fô.

458 — Deux autres en satin, l'un coton et soie brodés : fleurs et oiseau sur fond gris ; l'autre en satin bleu brodé : oiseaux.

459 — Deux autres en satin, l'un feu avec applications et broderie à décor d'objets mobiliers ; l'autre vert avec broderie à décor de maisons.

460 — Deux autres en satin, l'un gris brodé de

deux grues ; l'autre bleu brodé de deux oiseaux de Hô.

461 — Deux autres en satin bleu brodé : coiffures et éventail.

462 — Trois portefeuilles en étoffes variées. Japon.

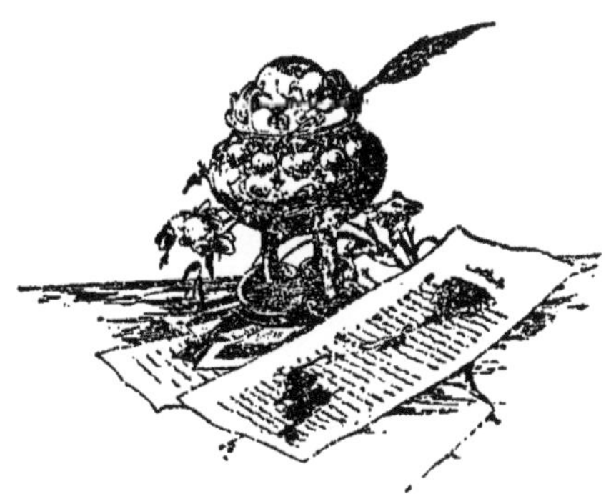

www.ingramcontent.com/pod-product-compliance
Ingram Content Group UK Ltd.
Pitfield, Milton Keynes, MK11 3LW, UK
UKHW022137260726
13993UKWH00003B/1491